Apprendimento del Krav- Maga

☐ *INDICE*

Apprendimento del Krav- Maga

Introduzione al Krav Maga

Nel vasto mondo delle arti marziali e dell'auto di autodifesa, il Krav Maga emerge come un sistema unico e pragmatico, sviluppato per rispondere a situazioni reali per permettere a chiunque di difendersi efficacemente in contesti di pericolo imminente Nato in Israele nei primi anni del XX secolo, il Krav Maga è più di una semplice arte marziale; è un sistema completo che integra movimenti naturali del corpo, reazioni istintive e strategie di sopravvivenza

1·1 Origini e Storia del Krav Maga

Il termine "Krav Maga" in ebraico significa "combattimento da contatto" e riflette la natura diretta e senza fronzoli di questa disciplina Il Krav Maga fu sviluppato da Imi Lichtenfeld, un pugile, lottatore e maestro di difesa personale, durante il periodo di tumulto che caratterizzò Creazione dello stato di Israele Inizialmente concepito come sistema di combattimento delle le forze di difesa israeliane, il Krav Maga ha poi evoluto diventando una disciplina adatta a persone di tutte le età e livelli di fitness

1·2 Principi Fondamentali dell'Autodifesa

Al cuore del Krav Maga sta la Filosofia che la difesa personale debba essere diretta, proporzionata e basata sulla sopravvivenza I praticanti imparano a riconoscere le situazioni di pericolo, ad anticipare minacce potenziali e agire con fermezza e decisione quando Sicurezza personale è in gioco La neutralizzazione dell'aggressore e Fuga sicura sono obiettivi primari

1·3 Approccio del Krav Maga: Semplicità ed Efficienza

Una delle caratteristiche distintive del Krav Maga è per definizione creato per la sua semplicità e sull'efficienza dei movimenti Le tecniche sono progettate in per essere apprese rapidamente e applicate istintivamente in situazioni di stress. Nel Krav Maga, non ci sono regole o formalità e i praticanti sono incoraggiati a utilizzare qualsiasi mezzo disponibile per proteggersi Nel corso di questo libro, esploreremo i principi fondamentali del Krav Maga, impareremo le tecniche di base e avanzate e, soprattutto, svilupperemo una mentalità resiliente e pronta all'azione Il Krav Maga non è solo un insieme di mosse, ma un approccio globale alla sicurezza personale che potrebbe fare la differenza tra la vita e la morte Benvenuti nel mondo del Krav Maga, dove la preparazione incontra la realtà

Capitolo 2
Principi Fondamentali dell'Autodifesa

Nel mondo complesso e spesso imprevedibile in cui viviamo, Comprensione dei principi fondamentali dell'autodifesa è cruciale consiste nel garantire la propria sicurezza Il Krav Maga si basa su un insieme di principi chiari e universali che guidano ogni aspetto del suo approccio alla difesa personale

2·1 Consapevolezza dell'Ambiente Circostante

La consapevolezza ambientale è la base di qualsiasi strategia di autodifesa efficace Nel Krav Maga, si insegna a essere sempre vigili e a valutare costantemente l'ambiente circostante Questo principio si estende alla comprensione degli elementi come l'illuminazione, presenza di persone,   Conformazione del terreno e l'ubicazione delle vie di fuga

2·2 Prevenzione delle Situazioni di Pericolo

Uno dei principi chiave del Krav Maga è evitare situazioni di pericolo quando possibile Ciò significa che, attraverso la Consapevolezza e l'analisi situazionale, i praticanti imparano a riconoscere segnali di potenziali minacce e a prendere decisioni consapevoli in prevenire il confronto diretto

2·3 Risposta Proporzionata

Nel momento in cui l'autodifesa diventa necessaria, il Krav Maga insegna a rispondere con una forza proporzionata alla minaccia L'obiettivo è neutralizzare rapidamente l'aggressore, riducendo al minimo il rischio di danni per se stessi Questo principio è alla base delle tecniche di difesa del Krav Maga, che mirano a interrompere l'attacco il più velocemente possibile

2·4 Aggressività Controllata

L'aggressività controllata è un elemento chiave del Krav Maga· Non si tratta di promuovere la violenza, ma di adottare un atteggiamento determinato e proattivo quando la situazione lo richiede I praticanti imparano a passare immediatamente da uno stato di rilassamento a uno di massima intensità quando necessario.

2·5 Adattabilità e Improvvisazione

Ogni situazione è unica, e il Krav Maga insegna ad adattare le tecniche di difesa alle specifiche circostanze. L'abilità di improvvisare è essenziale nell' affrontare scenari imprevisti, e i praticanti vengono incoraggiati a sviluppare un pensiero flessibile e reattivo.

Comprendere e integrare questi principi fondamentali nell'approccio quotidiano è essenziale che chiunque voglia abbracciare appieno il Krav Maga come sistema di autodifesa. Nelle prossime sezioni, esploreremo dettagliatamente le tecniche specifiche che si basano su questi principi, fornendo ai lettori le competenze necessarie per proteggere se stessi e gli altri in situazioni critiche

2·5 Posizione di Base e Movimenti

La posizione di base nel Krav Maga è il fondamento su cui si costruisce ogni movimento e ogni tecnica Apprendere una posizione corretta è cruciale la stabilità, equilibrio e prontezza di risposta In questo capitolo, esploreremo Posizione di base e i movimenti essenziali che costituiscono il linguaggio fisico del Krav Maga·

La Posizione di Base: Fondamenta della Sicurezza

La posizione di base nel Krav Maga è progettata in garantire una base solida da cui partire e reagire rapidamente Segui questi passaggi acquisire Posizione di base:

1·   Allargamento delle Gambe: Inizia con i piedi leggermente più larghi delle spalle per massimizzare la stabilità

2·   Pesi Sugli Avanpiedi: Mantieni il peso del corpo distribuito in modo uniforme sugli avanpiedi, pronti per muoversi in qualsiasi direzione

3·   Ginocchia Flesse: Leggermente piegate in Flessibilità e LG Prontezza nei movimenti

4·   Schiena Dritta: Mantieni schiena dritta e il busto leggermente inclinato in avanti in la Visione e la prontezza

5·   Mani Sollevate: Posiziona le mani alzate e pronte vicino al viso, con i gomiti piegati, in posizione di difesa

Movimenti Essenziali: Spostamenti e Circonduzioni

Una volta stabilita la posizione di base, i movimenti diventano cruciali per adattarsi dinamicamente alla situazione Alcuni movimenti essenziali includono:

1·   Spostamento Laterale: Muoviti lateralmente mantenendo la Posizione di base, utile per evitare attacchi o posizionarsi strategicamente

2·   Spostamento in Avanti/Indietro: Utilizza passi corti per avanzare o ritirarti rapidamente, mantenendo il controllo della distanza

3·   Circonduzione: Ruota attorno a un punto centrale, consentendo di cambiare rapidamente la direzione del movimento e mantenere una visione completa dell'ambiente circostante

4·   Movimenti di Testa: Inclina la Testa lateralmente o all'indietro per schivare attacchi, sempre mantenendo lo sguardo fisso sull'aggressore

5   Movimenti di Blocco: Utilizza le braccia per bloccare o parare gli attacchi, mantenendo la Posizione di base e preparandoti a una controffensiva

Praticare e perfezionare questi movimenti è fondamentale per diventare un praticante abile di Krav Maga· Insieme alla posizione di base, questi elementi costituiscono il fondamento su cui costruire le competenze avanzate e affrontare con successo le situazioni di pericolo

2·6 Colpi Fondamentali*: Pugni, Gomitate, Ginocchiate Nel Krav Maga, l'efficacia dei colpi fondamentali è cruciale per una difesa personale rapida ed efficace In questo capitolo, esploreremo le tecniche di base per eseguire pugni, gomitate e ginocchiate, fornendo un approccio pratico nel neutralizzare una minaccia*
2-7 Pugni Efficaci: La Potenza nelle Mani

Il pugno nel Krav Maga è diretto, veloce e potente Segui questi principi nell' eseguire un pugno efficace:
1·   Posizione di Partenza: Parti dalla posizione di base, con una mano vicino al viso e l'altra estesa in avanti
2·   Rotazione del Bacino: Ruota il bacino e spalla nella direzione del pugno per massimizzare la Potenza
3·   Estensione del Braccio: Estendi il braccio direttamente verso il bersaglio, mantenendo il gomito leggermente piegato per evitare l'iperestensione·
4·   Ritorno Rapido: Dopo il colpo, ritira velocemente il pugno per prepararti a successive azioni difensive o offensive
Gomitate Distruttive: La Forza del Gomito
Le gomitate nel Krav Maga sono utilizzate per distanziare un aggressore ravvicinato Eseguire una gomitata efficace richiede:

1· Distanza Ravvicinata: Posizionati vicino all'aggressore, riducendo la Distanza tra voi

2· Sollevamento del Gomito: Solleva il gomito lateralmente, posizionando il braccio in modo che il gomito sia all'altezza dell'occhio

3 ***Colpo Deciso: Spingi il gomito direttamente in avanti, mirando a colpire il volto o qualsiasi altra zona vulnerabile***

4 Ritorno Controllato: Ritira il gomito rapidamente, mantenendo il controllo della distanza e preparandoti a ulteriori azioni

Ginocchiate Efficaci: La Potenza delle Gambe

Le ginocchiate sono potenti e versatili nel Krav Maga· Per eseguire una ginocchiata efficace:

1· Distanza Ravvicinata: Assicurati di essere abbastanza vicino all'aggressore in STEP eseguire la ginocchiata

2· Sollevamento del Ginocchio: Solleva il ginocchio in avanti, puntando il bersaglio desiderato

3· ***Colpo Potente: Spingi il ginocchio direttamente in avanti con forza, mirando a colpire l'addome, l'inguine o il volto***

4 Ritorno Pronto: Dopo la ginocchiata, ritira rapidamente la Gamba per mantenere la mobilità e la prontezza

Mantenere una fluidità di movimento e una coordinazione tra pugni, gomitate e ginocchiate è essenziale per una difesa personale efficace nel Krav Maga· Allenati con costanza per integrare questi colpi fondamentali nella tua risposta automatica alle situazioni di pericolo.

Capitolo 3
Tecniche di Sopravvivenza

Nel Krav Maga, la Capacità di sopravvivere in situazioni di pericolo è centrale In questo capitolo, esploreremo una serie di tecniche di sopravvivenza, concentrandoci su come liberarsi da afferramenti, mantenere il controllo in situazioni di pericolo e sfuggire alle prese avversarie

3·1 Liberazione da Afferramenti alla Gola

Affrontare un presa alla gola richiede rapidità e precisione Segui questi passaggi e liberarti efficacemente:

*1·	Reagisci Immediatamente: Appena percepisci una presa alla gola, reagisci immediatamente per impedire una maggiore restrizione dell'aria*

*2·	Colpisci l'Aggressore: Utilizza un pugno potente o una gomitata diretta verso l'aggressore per indebolirlo e farti rilasciare*

Spostamento Laterale: Muoviti rapidamente lateralmente, allontanandoti dalla presa e preparandoti una successiva azione difensiva o fuga

3 liberati e da presa al Polso

Le prese al polso sono comuni nelle situazioni di controllo Esegui questi passaggi per liberarti:

Rotazione del Polso: Ruota il polso nella direzione opposta alla presa , sfruttando Sua forza contro di lui

*1	Colpo Contundente: Utilizza un colpo contundente con l'altro braccio, come un gomito o un pugno, per distrarre e indebolire l'aggressore*

Spostamento e Fuga: Sposta il corpo lateralmente, allontanandoti dalla presa Approfitta di questa opportunità per fuggire

2 Controllare e Sopraffare l'Aggressore a Terra

Se la situazione si sviluppa a terra, è importante sapere come controllare e sopraffare l'aggressore:

1·   Controllo del Corpo: Posizionati sopra l'aggressore in modo sicuro, mantenendo il controllo del corpo e impedendogli di contrattaccare.

2·   Ginocchiate Efficaci: Utilizza ginocchiate potenti su aree vulnerabili come l'addome o il petto per indebolire l'aggressore

3 Scappa in modo Sicuro: Dopo aver mantenuto il controllo, allontanati rapidamente per evitare ulteriori conflitti e valuta situazione circostante

·4 Sfuggire a Strangolamenti e Prese al Collo

In situazioni in cui un aggressore tenta di strangolare, è vitale sapere come liberarsi:

1·   Rilascio della Pressione: Cerca di rilasciare la pressione dell'aggressore, spingendo verso il basso sulle mani o sui polsi per creare spazio

2·   Ginocchiate o Gomitate: Usa ginocchiate o gomitate dirette per indebolire l'aggressore e farti rilasciare

Fuga Rapida: Dopo aver allentato la presa, fuggi immediatamente dalla portata dell'aggressore

Queste tecniche di sopravvivenza sono fondamentali per la Tua sicurezza personale Pratica regolarmente queste abilità assicurarti di poter rispondere efficacemente a una varietà di situazioni critiche Nel prossimo capitolo, esploreremo ulteriori strategie di difesa personale e tecniche avanzate

Capitolo 4
Filosofia e Approccio del Krav Maga

Il Krav Maga non è soltanto un sistema di tecniche di autodifesa; è anche una filosofia intrinseca che guida gli atteggiamenti e gli approcci dei praticanti Questo capitolo esplorerà i principi fondamentali e la filosofia che costituiscono il cuore pulsante del Krav Maga·
3·1 Semplicità ed Efficienza come Filosofia Centrale
Al centro della filosofia del Krav Maga c'è la · Semplicità Il sistema abbraccia la massima "Keep It Simple" (KIS), che enfatizza l'importanza di movimenti diretti e intuitivi La filosofia del Krav Maga riconosce che in situazioni di pericolo, l'efficacia si trova nella semplicità delle azioni

Addestramento Orientato alla Realtà

La filosofia del Krav Maga è orientata alla realtà Ciò significa che le tecniche insegnate sono progettate per situazioni del mondo reale piuttosto che competizioni sportive Il Krav Maga abbraccia l concetto che l'autodifesa debba adattarsi alle dinamiche imprevedibili di uno scontro reale

Principio dell'Autodifesa Primaria

Il Krav Maga insegna che l'obiettivo primario dell'autodifesa è sopravvivere Questo principio sottolinea l'importanza di neutralizzare la minaccia e di allontanarsi dalla situazione in modo sicuro Gli attacchi devono essere fermati rapidamente per garantire la Protezione personale

Mentalità Difensiva Costante

La mentalità del Krav Maga è basata sulla consapevolezza costante dell'ambiente circostante e sulla prontezza a rispondere a potenziali minacce Questa mentalità difensiva diventa una parte integrante della vita quotidiana del praticante, estendendosi oltre la Palestra e influenzando positivamente il modo in cui affrontano le sfide

Etica e Responsabilità

La filosofia del Krav Maga promuove l'etica e la responsabilità nell'uso delle tecniche apprese L'obiettivo è la difesa personale, e l'addestramento deve essere usato in modo responsabile I praticanti sono incoraggiati a valutare attentamente la Situazione prima di agire, evitando l'uso eccessivo della forza quando possibile
Progresso Personale e Crescita

Il Krav Maga è anche una disciplina per di crescita personale Oltre all'apprendimento delle tecniche di autodifesa, i praticanti sviluppano la resilienza, alla disciplina e una maggiore consapevolezza di sé La filosofia del Krav Maga è volta a incoraggiare il progresso personale in tutti gli aspetti della vita
In sintesi, la filosofia del Krav Maga va al di là delle mosse fisiche; è uno stile di vita improntato sulla saggezza, sulla consapevolezza e sulla prontezza a proteggere se stessi e gli altri in situazioni di emergenza Nel prossimo capitolo, approfondiremo le tecniche di base che si basano su questa filosofia intrinsecaNel Krav Maga, la preparazione fisica e mentale è cruciale sviluppare le abilità necessarie a rispondere in modo efficace in situazioni di pericolo Questo capitolo si concentrerà sull'importanza dell'allenamento fisico e mentale nel contesto del Krav Maga, fornendo linee guida e strategie per migliorare la tua forza, agilità e prontezza mentale

4-1 Programmi di Allenamento per incrementare la · Forza e l'Agilità

Un corpo e agile è un elemento chiave nel Krav Maga· Sviluppare la forza e l'agilità può migliorare a Tua capacità di eseguire rapidamente e con potenza le tecniche del Krav Maga· Alcuni elementi da considerare:

1· Sollevamento Pesi Funzionali: Integra esercizi di sollevamento pesi che coinvolgono movimenti multi - articolari, simili a quelli richiesti nel Krav Maga·

*2· **Allenamento ad Alta Intensità (HIIT):** Gli allenamenti ad alta intensità possono simulare efficacemente le condizioni stressanti di uno scontro reale, migliorando la tua resistenza e forza esplosiva*

Esercizi di Agilità: Incorpora esercizi di agilità, come partenze a scatto, salti laterali e cambi di direzione rapidi, per migliorare la tua reattività

4· Esercizi Specifici del Krav Maga: Dedica parte del tuo allenamento a esercizi specifici del Krav Maga, riproducendo movimenti e situazioni che potresti incontrare durante la difesa personale

4·2 Tecniche di Respirazione e Controllo dello Stress

La gestione dello stress e respirazione corretta sono fondamentali nel Krav Maga, dove le situazioni possono evolversi rapidamente Alcune strategie includono:

1· Respirazione Diaframmatica: Pratica Respirazione diaframmatica per h mantenere il controllo durante situazioni stressanti per migliorare la tua resistenza

2· Simulazioni di Stress: Integra simulazioni di stress nell'allenamento per abituarti a mantenere la calma e la Chiarezza mentale sotto pressione

3   Meditazione e Rilassamento: Incorpora pratiche di meditazione e rilassamento per migliorare la tua capacità di focalizzare l'attenzione e mantenere la calma durante situazioni intense

•   Ripetizione di Tecniche di Respirazione: Utilizza la respirazione diaframmatica durante situazioni stressanti per mantenere la calma e mantenere un flusso costante di ossigeno al cervello

4-3 Sviluppo della Prontezza Mentale

La prontezza mentale è essenziale nel Krav Maga, dove la Risposta istintiva può fare la Differenza Alcuni aspetti chiave includono:

1·   Visualizzazione: Pratica la visualizzazione mentale delle situazioni e delle risposte desiderate per preparare tua mente all'azione

2·   Adattabilità: Sviluppa un'attitudine flessibile e adattabile, pronta a modificare le tue tattiche in base alla situazione

3·   Analisi Situazionale: Allenati a valutare rapidamente le situazioni, identificare le minacce e scegliere le risposte più adeguate

4-4   Simulazioni Realistiche: Partecipa a simulazioni realistiche di situazioni di autodifesa per migliorare s tua prontezza mentale in scenari dinamici

Apprendimento del Krav- Maga

Questo capitolo ti guida attraverso l'importanza dell'allenamento fisico e mentale nel contesto del Krav Maga· Combina in modo equilibrato gli elementi di forza fisica e prontezza mentale per diventare un praticante completo è preparato. Nel prossimo capitolo, esploreremo tecniche avanzate e strategie specifiche per situazioni più complesse

1· Respirazione Diaframmatica:

La respirazione diaframmatica è una tecnica che coinvolge il diaframma, il muscolo principale coinvolto nella respirazione Praticare la Respirazione diaframmatica può aiutare a ridurre lo stress e a mantenere la chiarezza mentale:

- *Esercizio Pratico:*
- *Sdraiati o siediti in posizione comoda*
- *Posiziona una mano sul petto e l'altra sullo stomaco*
- *Inspirando lentamente attraverso il naso, senti il tuo stomaco gonfiarsi*
- *Espira lentamente attraverso la Bocca, facendo contrarre il tuo stomaco*
- *Ripeti per alcuni minuti, concentrandoti sulla profondità e regolarità della respirazione*

2· Simulazioni di Stress:

L'obiettivo delle simulazioni di stress è abituare mente e il corpo a reagire in modo efficace sotto pressione Queste simulazioni dovrebbero essere realistiche e stimolanti, ma sicure:

- *Esercizio Pratico:*
- *Simula situazioni di minaccia in cui devi applicare le tecniche del Krav Maga sotto pressione*

- *Introduce elementi sorpresa o variabili inaspettate per aumentare il livello di stress durante le simulazioni*
- *Dopo ogni simulazione, fai una riflessione approfondita per identificare i punti di forza e le aree di miglioramento*

3· Meditazione e Rilassamento:

La pratica della meditazione e del rilassamento può contribuire a mantenere una mente calma e concentrata durante situazioni stressanti:

- *Esercizio Pratico:*
- *Dedica alcuni minuti al giorno alla meditazione*
- *Trova un luogo tranquillo, chiudi gli occhi e concentra la tua attenzione sulla respirazione o su un punto focalizzante*
- *Rilassa gradualmente i muscoli e svuota la Mente dai pensieri superflui*
- *Pratica regolarmente per migliorare la tua capacità di mantenere la calma in situazioni stressanti*

4· Gestione dello Stress nel Momento:

Durante uno scontro reale, è cruciale mantenere la calmano Alcune strategie per gestire lo stress nel momento includono:

- *Focalizzazione su Obiettivi Specifici: Concentrati su obiettivi chiari e azioni specifiche da compiere, riducendo il senso di sovraccarico mentale*
- *Affrontare Pensieri Negativi: Riconosci e affronta pensieri negativi, sostituendoli con affermazioni positive e focalizzandoti sulla tua preparazione e competenza*

4· Gestione dello Stress nel Momento:

Durante uno scontro reale, è cruciale mantenere la Calmano Alcune strategie per gestire lo strain nel momento includono:

*•   **Focalizzazione su Obiettivi Specifici**: Concentrati su obiettivi chiari e azioni specifiche da compiere, riducendo il senso di sovraccarico mentale*

*•   **Affrontare Pensieri Negativi**: Riconosci e affronta pensieri negativi, sostituendoli con affermazioni positive e focalizzandoti sulla tua preparazione e competenza*

•   Ripetizione di Tecniche di Respirazione: Utilizza la respirazione diaframmatica durante situazioni stressanti per mantenere Calma e mantenere un flusso costante di ossigeno al cervello

Capitolo 5
Combattimento a Terra e Tecniche di Sottomissione

Nel quinto capitolo, ci immergeremo nel mondo del combattimento a terra e delle tecniche di sottomissione, aspetti cruciali del Krav Maga che ampliano la tua capacità di difesa personale Questo capitolo si concentra su strategie e movimenti specifici affrontare situazioni che possono portare al combattimento a terra

Introduzione al Combattimento a Terra:

•   Definizione del Contesto: Spiegazione del motivo per cui il combattimento a terra è una componente essenziale del Krav Maga·

- *Riconoscimento delle Situazioni di Rischio: Identificazione di scenari in cui il combattimento a terra è probabile*

Posizionamento e Controllo:

- *Posizione Dominante: Apprendimento delle posizioni dominanti a terra consiste nel mantenere il controllo*
- *Tecniche di Monta: Utilizzo efficace delle posizioni di monta consiste nel sopraffare l'avversario*

Leva Articolare e Controlli:

- *Leve Articolari Fondamentali: Applicazione di leve articolari consiste nel neutralizzare l'avversario*
- *Controllo del Corpo: Utilizzo del peso corporeo e del controllo delle articolazioni in per gestire la situazione Rottura delle Prese.*
- *Tecniche di Rottura: Strategie consiste nel rompere le prese avversarie e invertire la situazione*
- *: Movimenti rapidi e agili per riprendere il controllo durante il combattimento a terra*

Difesa da Posizioni Svantaggiose:

- *Difesa da Posizione Supina: Tecniche per difendersi efficacemente dalla posizione supina*
- *Contromisure dalle Leve Avversarie: Strategie per resistere e controbattere quando si è sottomessi a leve articolari*

Tecniche di Sottomissione:

- *Strangolamenti Efficaci: Apprendimento di strangolamenti mirati in per immobilizzare l'avversario*

• *Sottomissioni Congiunte: Utilizzo di tecniche di sottomissione congiunta per controllare e sottomettere Addestramento al Combattimento a Terra:*
• *Simulazioni Pratiche: Partecipazione a simulazioni realistiche di combattimento a terra*
• *Allenamento Progressivo: Graduale aumento della complessità delle situazioni simulate consiste nel migliorare La7 Risposta istintiva*
Strategie di Uscita dal Combattimento a Terra:
• *Ritorno in Piedi: Tecniche per tornare rapidamente in piedi e evitare situazioni pericolose a terra*
• *Utilizzo dell'Ambiente: Sfruttamento degli elementi circostanti per facilitare la risalita del Combattimento a Terra nel Krav Maga:*
• *Adattabilità a Diverse Situazioni: Capacità di gestire efficacemente situazioni di combattimento a terra in vari contesti*
• *Miglioramento della Forza Fisica e Mentale: Incremento della forza fisica e sviluppo di una mentalità resiliente*
• *Ampliamento delle Opzioni Difensive: Aumento delle strategie disponibili per rispondere a minacce potenziali*

Nota Importante: Il combattimento a terra e le tecniche di sottomissione nel contesto del Krav Maga sono insegnati con l'obiettivo di difendersi e disimpegnarsi da situazioni pericolose La priorità è la sicurezza personale, e queste tecniche dovrebbero essere utilizzate in modo responsabile e proporzionato alla minaccia per garantire il benessere di tutte le parti coinvolte L'addestramento regolare e la pratica costante sono fondamentali per mantenere e migliorare le competenze acquisite in questo capitolo

Capitolo 5-1
Colpi Fondamentali - Pugni, Gomitate, Ginocchiate

Nel prosieguo del capitolo sul combattimento a terra e le tecniche di sottomissione, esploreremo i colpi fondamentali, ovvero pugni, gomitate e ginocchiate Questi costituiscono elementi essenziali del Krav Maga, contribuendo alla tua capacità di rispondere in modo efficace e deciso alle minacce
Pugni Efficaci:
*   Posizionamento delle Mani e dei Piedi: Tecniche per il corretto posizionamento delle mani e dei piedi per massimizzare la s potenza dei pugni*
*   Varianti dei Pugni: Apprendimento di diverse varianti di pugni, come il pugno diretto, l'uppercut e il gancio*
*   Punti Vitali: Identificazione dei punti vitali del corpo per indirizzare i pugni in modo strategico*
Gomitate Potenti:

• *Tecniche di Gomitate: Applicazione di gomitate efficaci nelle numerose direzioni*
• *Distanza e Timing: Comprensione della distanza e del tempo consentono di eseguire gomitate con precisione*
• *Integrazione con Altre Mosse: Incorporazione delle gomitate in sequenze di movimenti per aumentare l'efficacia*
Ginocchiate Distruzione:
• *Esecuzione Corretta delle Ginocchiate: Tecniche per eseguire ginocchiate potenti e ben bilanciate*
• *Utilizzo del Peso Corporeo: Sfruttamento del peso corporeo per massimizzare la Forza delle ginocchiate*
• *Applicazioni Diverse: Integrare le ginocchiate in varie situazioni, come difesa personale e combattimento a terra*
Allenamento alla Potenza e alla Precisione:
• *Sacchi da Boxe e Pads: Utilizzo di sacchi da boxe e pads per migliorare Potenza dei colpire*
• *Allenamento con Partner: Esercitazioni per affinare la precisione dei colpire*
• *Scenario Simulato: Simulazioni di situazioni reali per testare l'applicazione pratica dei pugni, gomitate e ginocchiate*
Tecniche di Difesa Integrata:
• *Bloccaggio e Contrattacco: Apprendimento di tecniche di bloccaggio efficaci seguite da contrattacchi potenti*
• *Movimenti Dinamici: Utilizzo di movimenti dinamici per generare forza e sorprendere l'avversario*
• *Flusso Continuo: Creazione di flussi continui di colpi per mantenere la pressione sull'avversario*

Adattabilità alle Situazioni:
* *Variazioni di Altezza e Angolazione: Adattamento dei colpi fondamentali a varie altezze e angolazioni*
* *Reazioni a Catena: Sviluppo di reazioni a catena per rispondere prontamente a cambiamenti nella situazione*
* *Consapevolezza dell'Ambiente: Considerazione dell'ambiente circostante per ottimizzare l'efficacia dei colpire*
Benefici dei Colpi Fondamentali:
* *Risposta Rapida alle Minacce: Capacità di rispondere prontamente a situazioni di pericolo*
* *Incremento della Sicurezza Personale: Miglioramento della fiducia nelle proprie abilità di difesa personale*

* *Versatilità nelle Strategie di Combattimento: Aumento delle opzioni disponibili per affrontare numerose minacceQuesto capitolo si focalizza sui fondamenti dei colpi nel Krav Maga, fornendo le basi per una difesa personale efficace e versatile La pratica costante è essenziale per padroneggiare e integrare questi colpi fondamentali nella tua risposta istintiva alle minacce*

Capitolo 5-2
Adattamento delle Tecniche a Situazioni Specifiche

Nel Quinto segmento del capitolo sul combattimento a terra e le tecniche di sottomissione, esploreremo l'importante concetto di adattare queste tecniche a situazioni specifiche La versatilità è fondamentale nel Krav Maga, poiché le situazioni possono variare notevolmente Questo capitolo si concentra su come personalizzare le tue abilità per rispondere in modo efficace a scenari specifici

Analisi del Contesto*:*
Valutazione Rapida della Situazione: Capacità di valutare rapidamente la situazione determinare il livello di minaccia
Identificazione di Elementi Chiave: Riconoscimento di elementi cruciali nell'ambiente circostante e nei comportamenti degli altri
Adattamento delle Lezioni Apprese:
Riflessione Post-Addestramento: Analisi delle lezioni apprese durante l'addestramento e adattamento alle situazioni reali
Modifiche alle Tecniche Esistenti: Apportare modifiche alle tecniche esistenti consiste nel renderle più adatte a contesti specifici
Utilizzo dell'Ambiente Circostante:
Incorporazione di Elementi Ambientali: Sfruttamento di oggetti circostanti nella difesa o attacco
Movimenti Tattici in Spazi Ristretti: Adattamento delle tecniche a spazi ristretti, come corridoi o stanze
Strategie Contro Più Avversari:

Movimenti Circolari: Utilizzo di movimenti circolari per evitare di rimanere bloccati in situazioni di attacco multiplo

Gestione degli Angoli Morti: Consapevolezza degli angoli morti e adozione di strategie per ridurre il rischio di attacchi simultanei

Applicazione delle Tecniche a Diverse Corporature:

Adattamento a Corpi di Diverse Dimensioni: Modifiche alle tecniche per adattarsi a avversari di dimensioni diverse

Strategie Contro Avversari più Forti o Agili: Sviluppo di tattiche specifiche per contrastare avversari con caratteristiche fisiche differenti

Simulazioni di Scenari Specifici:

Simulazioni con Condizioni Particolari: Praticare in scenari simulati che riflettano specifiche condizioni o minacce

Feedback e Aggiustamenti: Ricezione di commenti durante e dopo le simulazioni per apportare miglioramenti continui

Risposta a Minacce con Oggetti Improvvisati:

Analisi Rapida degli Oggetti Presenti: Valutazione degli oggetti presenti nell'ambiente per determinare il loro utilizzo

Adattamento delle Tecniche: Applicazione delle tecniche considerando la presenza di oggetti improvvisati

Benefici dell'Adattamento delle Tecniche:

Aumento dell'Efficacia: Maggiore probabilità di successo nelle risposte alle minacce

Versatilità nelle Competenze: Capacità di adattarsi a una gamma più ampia di situazioni
Sicurezza Personale Ottimizzata: Miglioramento delle strategie di difesa personale attraverso l'adattamento alle circostanze specifiche Questo capitolo enfatizza l'importanza di adattare le tue abilità e tecniche a scenari specifici, migliorando la tua flessibilità e prontezza di riflessi nelle situazioni del mondo reale La pratica regolare in una varietà di contesti contribuirà a consolidare la tua capacità di adattamento

6· Capitolo
Strategie di Difesa Personale

Nel sesto capitolo, esploreremo approfonditamente le strategie di difesa personale, che vanno oltre le tecniche fisiche che vanno ad includere il riconoscimento dei pericoli, prevenzione, l'utilizzo dell'ambiente circostante e il comportamento in situazioni di emergenza

6·1 Riconoscimento dei Pericoli e Prevenzione

Analisi Ambientale:
Valutazione dell'ambiente circostante per identificare potenziali minacce
Consapevolezza dei luoghi ad alto rischio e delle condizioni pericolose

Profilo di Minaccia:
Sviluppo di un profilo di minaccia personale per comprendere le situazioni che potrebbero essere più rischiose
Identificazione di comportamenti sospetti o situazioni che richiedono maggiore attenzione
Prevenzione Attiva:
Adozione di misure preventive, come evitare luoghi non Illuminati o isolati
Utilizzo di strategie preventive in per ridurre la · Probabilità di essere presi di mira

6·2 Comunicazione Efficace:

Durante situazioni di emergenza, la comunicazione efficace è cruciale per coordinare azioni, richiedere assistenza e mantenere un ambiente informativo In questo sotto-capitolo, esploreremo strategie per migliorare la Comunicazione in momenti critici
Chiamata all'Aiuto:
Chiarezza e Concisione: Comunicazione chiara e diretta per richiedere aiuto
Fornire Informazioni Cruciali: Comunicare informazioni chiave come la Posizione, il tipo di emergenza e il numero di persone coinvolte
Comunicazione Non Verbale:
Gestione del Linguaggio del Corpo: Consapevolezza del proprio linguaggio del corpo in per trasmettere fiducia e controllo

Segnali Visivi: Utilizzo di gesti e segnali visivi in per coordinare azioni senza la necessità di comunicazione verbale

Collaborazione con Altri Presenti:

Delega Chiara delle Responsabilità: Comunicare chiaramente chi è responsabile ,Fornire istruzioni chiare garantire che le azioni siano sincronizzate e mirate agli obiettivi comuni

Comunicazione Durante Interventi Medici:

Fornire Informazioni Mediche Chiare: Se coinvolto in un intervento medico, comunicare chiaramente le condizioni della persona coinvolta

Richiesta di Supporto Medico: Comunicare in modo chiaro la necessità di supporto medico e specificare i dettagli cruciali

Comunicazione con Autorità Competenti:

Seguire Procedure Stabilite: Conoscenza adeguata e rapida per comunicare con le autorità competenti

Fornire Dati Rilevanti: Presentare informazioni rilevanti alle autorità in modo chiaro e accurato

Utilizzo della Voce:

Tono Appropriato : Adozione di un tono di voce appropriato alla situazione, mantenendo la Calma ma trasmettendo urgenza se necessario

Modulazione della Voce: Utilizzo della modulazione vocale calmo per mantenere l'attenzione e la chiarezza

Addestramento alle Procedure di Comunicazione:

Simulazioni di Emergenza: Partecipazione a simulazioni consiste nel praticare la Comunicazione sotto pressione

Feedback Post-Simulazione: Analisi post-simulazione consiste nel identificare aree di miglioramento nella comunicazione

Ascolto Attivo

Una comunicazione efficace è un elemento chiave per garantire una risposta coordinata ed efficiente durante situazioni di emergenza La pratica e la consapevolezza delle tecniche di comunicazione possono contribuire significativamente al successo delle operazioni di emergenza

Capitolo 7
Applicazioni Pratiche

Nel settimo capitolo, ci immergeremo nelle applicazioni pratiche del Krav Maga, mettendo in pratica le competenze acquisite attraverso studi di caso, simulazioni reali e strategie per affrontare situazioni complesse Questo capitolo si concentra sulla traduzione delle abilità teoriche in situazioni reali e dinamiche

7·1 Studi di Caso e Simulazioni Reali:

Analisi di Incidenti Passati:
Studio dettagliato di incidenti passati che coinvolgono situazioni di difesa personale
Estrazione di lezioni e strategie efficaci da situazioni reali
Simulazioni Realistiche:

Creazione di scenari realistici che richiedono l'applicazione delle competenze del Krav Maga·
Partecipazione a simulazioni che imitano situazioni di emergenza
Feedback Post-Simulazione:
Discussione dettagliata dopo simulazioni per valutare le prestazioni individuali e di gruppo
Identificazione di aree di miglioramento e rafforzamento delle competenze

7·2 Strategie nell'affrontare Affrontare più Aggressori:

Movimenti Circolari e Posizionamento:
Applicazione pratica di movimenti circolari e posizionamento strategico in situazioni con più aggressori
Strategie per evitare situazioni di intrappolamento
Difesa Attiva:
Simulazioni di attacchi multipli per mettere in pratica tecniche di difesa attive

7-1 Krav Maga come Stile di Vita e Mentalità Difensiva:

Integrazione del Krav Maga nella Vita Quotidiana:

Scenari di vita quotidiana che richiedono l'applicazione della mentalità difensiva del Krav Maga·
Incorporazione dei principi del Krav Maga in attività quotidiane
Mentalità Difensiva nelle Situazioni Sociali:

Applicazione della mentalità difensiva in situazioni sociali, come feste o eventi pubblici
Consapevolezza costante degli elementi di sicurezza personale

7·2 Preparazione a Eventi Specifici:

Viaggi e Spostamenti:
Strategie di sicurezza personale durante i viaggi
Preparazione a situazioni di emergenza in ambienti nuovi o sconosciuti
Eventi di Massa e Folle:
Tecniche per muoversi in situazioni affollate in modo sicuro
Strategie per mantenere la consapevolezza nei dintorni durante eventi di Massa
Note Finali:
Questo capitolo mira a rendere tangibili le competenze acquisite attraverso l'analisi di situazioni reali e simulazioni pratiche La pratica in scenari controllati e l'applicazione di strategie specifiche a situazioni particolari sono fondamentali per garantire che il Krav Maga diventi una parte integrante del tuo approccio alla sicurezza personale La comprensione profonda delle applicazioni pratiche contribuirà alla tua preparazione e reattività nelle situazioni del mondo reale

Capitolo 7·1:
Studi di Caso e Simulazioni Reali

7·1·1 Analisi di Incidenti Passati:

Obiettivo:
Comprendere situazioni passate coinvolgenti difesa personale e apprendere dalle esperienze altrui

Metodologia

Studio Dettagliato:
Analisi dettagliata di casi in cui il Krav Maga è stato efficace nella difesa personale
Esame di incidenti con varie dinamiche e contesti
Estrazione di Lezioni:
Identificazione di strategie efficaci utilizzate in situazioni reali
Analisi di come le competenze del Krav Maga sono applicate con successo
Applicazione delle Lezioni Apprese:
Implementazione delle lezioni apprese dagli incidenti passati nelle attuali pratiche di addestramento
Regolare aggiornamento e adattamento delle strategie in base alle nuove informazioni

7·1·2 Simulazioni Realistiche:

Obiettivo:
Applicare le competenze del Krav Maga in scenari simulati che imitano situazioni di emergenza
Metodologia:
Progettazione di Scenari Realistici:

Creazione di scenari realistici che richiedono l'applicazione delle competenze acquisite
Considerazione di varie situazioni, tra cui aggressioni, rapimenti simulati e minacce in ambienti diversi
Partecipazione Attiva:
Coinvolgimento attivo di praticanti del Krav Maga in simulazioni realistiche
Ruoli variabili, inclusi quelli di aggressore e difensore
Feedback Post-Simulazione:
Discussione dettagliata post-simulazione per valutare le prestazioni individuali e di gruppo
Identificazione di aree di miglioramento e successi
Registrazione e Analisi:
Registrazione video delle simulazioni per un analisi dettagliata di un determinato evento
Approfondimento sulle strategie efficaci e sugli errori da correggere

7·1·3 Feedback Post-Simulazione:

Obiettivo:
Valutare le prestazioni individuali e di gruppo dopo le simulazioni possono migliorare le competenze

Metodologia:

Analisi Collettiva:
Sessioni di discussione collettiva consiste nel condividere le esperienze durante le simulazioni

Identificazione dei momenti di successo e delle aree che richiedono miglioramento
Feedback dei Formatori:
Feedback dettagliato da parte degli istruttori e degli esperti presenti durante le simulazioni
Consigli specifici nel migliorare le tecniche e la gestione delle situazioni
Pianificazione di Miglioramenti:
Sviluppo di piani individuali e di gruppo per implementare miglioramenti
Adozione di un approccio iterativo consiste nel affinare le strategie

Note Finali:

Questo capitolo mira a tradurre le competenze teoriche in esperienze pratiche attraverso l'analisi di incidenti passati e simulazioni realistiche L'applicazione pratica delle competenze acquisite è fondamentale per sviluppare una risposta istintiva e efficace nelle situazioni del mondo reale La combinazione di studi di caso, simulazioni e feedback post-evento contribuirà significativamente alla crescita delle competenze nel Krav Maga·

Capitolo 7·2: Strategie nell'Affrontare più Aggressori

7·2·1 Movimenti Circolari e Posizionamento:

Obiettivo:

Applicare in modo pratico i movimenti circolari e il posizionamento strategico per gestire situazioni con più aggressori

Metodologia:

Simulazioni con Attacchi Multipli:

Creazione di scenari che coinvolgono più aggressori per testare le capacità di movimento e posizionamento

Partecipazione di praticanti del Krav Maga in ruoli di aggressori multipli

Utilizzo di Angoli Morti:

Insegnamento dell'importanza di gestire gli angoli morti per evitare di rimanere vulnerabili a più aggressori

Strategie per spostarsi in modo efficiente per minimizzare il rischio

Collaborazione con Partner:

Esercitazioni che coinvolgono la collaborazione con altri praticanti per affrontare più aggressori simultaneamente

Sviluppo di strategie sincronizzate per massimizzare l'efficacia

7·2·2 Difesa Attiva:

Obiettivo:

Mettere in pratica tecniche di difesa attiva contro attacchi multipli, sviluppando strategie per affrontare situazioni complesse

Metodologia:

Simulazioni di Attacchi Multipli:

Simulazioni di attacchi multipli per testare le capacità di risposta rapida

Esplorazione di scenari realistici che richiedono la gestione di più aggressori contemporaneamente

Adattamento delle Strategie:
Apprendimento di strategie specifiche per adattarsi a situazioni in cui ci sono più aggressori con varie tipologie di attacco
Esercitazioni per migliorare la Capacità di valutare rapidamente le minacce circostanti
Collaborazione Efficace:
Sviluppo di tecniche di comunicazione e coordinamento con partner durante attacchi multipli
Importanza della consapevolezza reciproca per evitare interferenze e massimizzare l'efficacia

Note Finali:
Questo capitolo mira a sviluppare competenze specifiche dinamiche per affrontare situazioni con più aggressori, integrando movimenti circolari, posizionamento strategico e tecniche di difesa attiva La pratica regolare di simulazioni realistiche e l'adattamento delle strategie contribuiranno a migliorare la risposta del praticante del Krav Maga a situazioni complesse e dinamiche.

Il corso di specializzazione "Focus su Contesti Specifici" del Krav Maga offre ai praticanti la possibilità di affinare le loro abilità in situazioni più complesse e specifiche. La combinazione di scenari simulati realistici, esercitazioni pratiche mirate e approfondimenti nelle tecniche consentirà ai partecipanti di sviluppare una competenza avanzata nella difesa personale adattata a contesti specifici. Questa specializzazione mira a fornire agli studenti gli strumenti necessari per affrontare situazioni particolari con sicurezza ed efficacia con la Mentalità di Apprendimento Continuo nel Krav Maga

La mentalità di apprendimento continuo nel Krav Maga rappresenta un elemento cruciale per il successo e la crescita duratura di un praticante Questo approccio non si limita solo all'acquisizione di nuove tecniche fisiche ma abbraccia un'impostazione più ampia che coinvolge il perfezionamento delle abilità, lo sviluppo mentale e la Consapevolezza costante delle sfide e delle opportunità Ecco perché la Mentalità di apprendimento continuo è fondamentale nel contesto del Krav Maga:

1· Evoluzione Costante delle Minacce:

Le minacce e gli scenari da Difesa personale possono evolversi nel tempo

Un approccio di apprendimento continuo consente di adattare e migliorare le strategie di difesa in risposta alle nuove sfide

2· Miglioramento delle Abilità Tecniche:

Il Krav Maga, come molte arti marziali, richiede un costante affinamento delle abilità tecniche

L'apprendimento continuo permette ai praticanti di perfezionare le tecniche di base e di avanzare verso quelle più avanzate

3· Sviluppo della Consapevolezza Situazionale:

La consapevolezza situazionale è fondamentale nella Difesa personale efficace

L'apprendimento continuo e la pratica costante della consapevolezza, migliorando la capacità di riconoscere e rispondere alle situazioni di pericolo

Adattamento alla Variazione degli Stili di Attacco:

Gli aggressori possono adottare stili di attacco diversi nel tempo

L'apprendimento continuo consente ai praticanti di adattare le loro risposte a una varietà di stili di attacco e tattiche avversarie

5· Mentalità di Crescita Personale:

La mentalità di apprendimento continuo è intrinsecamente collegata a una mentalità di crescita personale, Favorisce l'apertura alla sfida, la Resilienza e la volontà di superare i propri Limiti

6· Prevenzione dell'Atrofia delle Competenze:

La pratica costante evita l'atrofia delle competenze acquisite

L'apprendimento continuo preserva e rafforza le abilità acquisite nel corso.

7· Contributo Positivo alla Comunità:

I praticanti con una mentalità di apprendimento continuo sono spesso risorse preziose per la Comunità della palestra
Condividono esperienze, offrono supporto e contribuiscono al successo collettivo

Note Finali:

La mentalità di apprendimento continuo nel Krav Maga è fondamentale per mantenere l'efficacia nella difesa personale Questo approccio non solo prepara i praticanti ad affrontare una gamma più ampia di sfide, ma contribuisce anche alla loro crescita personale, alla consapevolezza e al benessere generale Nel contesto del Krav Maga, dove la Prontezza e la risposta rapida sono cruciali, la mentalità di apprendimento continuo è una chiave per il successo a lungo termine

Capitolo 8:
Progressione nell'Arte del Krav Maga

Il capitolo 8 del manuale del Krav Maga si concentra sulla progressione e sull'evoluzione del praticante nell'arte della difesa personale Questo capitolo fornisce una panoramica sui gradi, i sistemi di progressione, il ruolo degli insegnanti e delle palestre, nonché approfondimenti nel percorso di apprendimento Di seguito sono descritte le sezioni principali del capitolo:
8·1 Gradi e Sistemi di Progressione:
* *Gerarchia dei Gradi: Introduzione alla gerarchia dei gradi nel Krav Maga, che rappresenta il livello di competenza e esperienza del praticante*

- *Requisiti di l'Avanzamento: Descrizione dei criteri e delle competenze necessarie in per progredire attraverso i diversi gradina*
- *Cinture e Distintivi: Identificazione visiva dei gradi attraverso l'assegnazione di cinture o distintivi specifici Ruolo degli Insegnanti e delle Palestre:*
- *Insegnanti Qualificati: Importanza di avere istruttori qualificati e certificati per garantire una formazione accurata e sicura*
- *Guida nel Percorso di Apprendimento: Il ruolo degli insegnanti nel guidare i praticanti attraverso il loro percorso di apprendimento, offrendo aiuti continui*
- *Clima di Rispetto e Collaborazione: Creazione di un ambiente di allenamento basato sul rispetto reciproco e sulla collaborazione*

Approfondimenti nel Percorso di Apprendimento:

- *Specializzazioni: Possibilità di specializzarsi in aree specifiche del Krav Maga, come la difesa contro armi, le tecniche avanzate con Formazione specifica a situazioni particolari*

- *Corsie di Apprendimento Avanzate: Offerta di corsi avanzati in coloro che desiderano approfondire ulteriormente le proprie competenze*

- *Contributi alla Comunità: Incentivare i praticanti a condividere le loro conoscenze e competenze con la comunità, creando un ambiente di apprendimento continuo*

Obiettivi del Capitolo:

Il capitolo mira a fornire ai praticanti del Krav Maga:

1· Chiarezza sulla Progressione: Comprendere il sistema di avanzamento e i requisiti associati per raggiungere gradi superiori

2· Rispetto per gli Insegnanti: Riconoscere l'importanza di insegnanti qualificati nel guidare e ispirare gli studenti

3 Opportunità di Specializzazione: Esplorare le possibilità di specializzazione e formazione avanzata

4· Partecipazione Attiva alla Comunità: Incoraggiare il coinvolgimento attivo nella comunità di praticanti, condividendo conoscenze e contribuendo alla crescita collettiva

Note Finali:

Il capitolo 8 rappresenta un passaggio cruciale nella crescita di un praticante di Krav Maga· Oltre alle abilità tecniche, il percorso di apprendimento include aspetti di crescita personale, contribuendo a formare individui non solo capaci di difendersi ma anche di contribuire positivamente alla comunità Krav Maga· L'approfondimento nel percorso di apprendimento offre opportunità di specializzazione e avanzamento, mantenendo viva la mentalità di apprendimento continuoLa gerarchia dei gradi nel Krav Maga è una struttura che indica il livello di competenza e di esperienza di un praticante La gerarchia prevede l'assegnazione di gradi che vanno da principiante a avanzato, ciascuno dei quali può essere identificato attraverso cinture colorate o distintivi specifici È importante notare che la gerarchia dei gradi può variare leggermente tra le numerose organizzazioni e scuole di Krav Maga· Tuttavia, una comune progressione potrebbe includere i seguenti gradi:

1· Principiante:

• Nessuna cintura o distintivo specifico

2· Grado Base:

• Cintura bianca o distintivo iniziale

• Il praticante inizia a familiarizzarsi con le tecniche di base e le fondamenta del KravMaga·

3 Intermedio:

• Cintura gialla o distintivo intermedio

• Acquisizione di competenze più avanzate e comprensione delle applicazioni pratiche

4· Avanzato:

• Cintura arancione o distintivo avanzato

*   *Approfondimento delle tecniche avanzate e capacità di adattamento a situazioni complesse*

5   Esperto:
*   *Cintura verde o distintivo di esperto*
*   *Elevata maestria delle tecniche, competenza avanzata e leadership nel training*
6·   Maestro:
*   *Cintura blu o distintivo di maestro*
*   *Profonda conoscenza delle tecniche e capacità di insegnamento avanzate*
7·   Istruttore:
*   *Cintura marrone o distintivo di istruttore*
*   *Abilità avanzate di insegnamento e responsabilità nella formazione degli altri*
8·   Maestro Istruttore o Livelli Superiori:
*   *Cintura nera o distintivi di maestro istruttore, a seconda della struttura specifica della scuola*
*   *Rappresenta il più alto livello di competenza e leadership all'interno della scuola o organizzazione*
È importante notare che le gerarchia dei gradi non è solo basata sulla competenza tecnica, ma anche sulla maturità, sulla management e sulla capacità d' insegnamento Il percorso verso gradi superiori richiede tempo, dedizione e dimostrazione di competenze sia durante l'allenamento che nell'insegnamento agli altri

Progressione nell'Arte del Krav Maga

8·1 Gradi e Sistemi di Progressione:
Obiettivo:

Apprendimento del Krav- Maga

- *Comprendere il sistema di gradi del Krav Maga e la progressione attraverso i livelli*

Metodologia:

1·   Struttura dei Gradi:

- *Spiegazione dettagliata della struttura dei gradi nel Krav Maga·*

- *Identificazione delle competenze a ciascun livello*

2·   Requisiti di l'Avanzamento:

- *Definizione chiara dei requisiti che gli studenti devono soddisfare per avanzare di Grado*

- *Coinvolgimento degli studenti nella pianificazione del loro percorso di avanzamento*

8·2 Ruolo degli Insegnanti e delle Palestre:

Obiettivo:

- *Comprendere il ruolo degli insegnanti e il valore delle palestre nel percorso di apprendimento del Krav Maga·*

Metodologia:

1·   Guida degli Insegnanti:

- *Illustrazione del ruolo cruciale degli insegnanti nel fornire istruzioni e orientamento*

- *Approfondimento sulla responsabilità di modellare comportamenti etici e valori*

2·   Comunità della Palestra:

- *Promozione della coesione e dell'appartenenza alla comunità della palestra*

- *Creazione di un ambiente di apprendimento positivo e collaborativo*

8·3 Approfondimenti nel Percorso di Apprendimento:

Obiettivo:

• *Esplorare le possibilità di specializzazione e approfondimenti nel Krav Maga·*
Metodologia:
1· Specializzazioni e Focus:
• *Presentazione di opportunità di specializzazione, come tecniche avanzate o specifiche*
• *Indicazioni su come gli studenti possono personalizzare il loro percorso*
2· Mantenere l'Apprendimento Continuo:
• *Sottolineare l'importanza del mantenimento di una mentalità di apprendimento continuo*
• *Suggerimenti su come esplorare nuovi aspetti del Krav Maga anche dopo aver raggiunto un livello avanzato*

Note Finali:
il percorso di apprendimento del Krav Maga, si focalizza sulla progressione attraverso i gradi, il ruolo degli insegnanti e il valore della comunità della palestra Inoltre, offre uno sguardo su come gli studenti possono approfondire ulteriormente le loro competenze attraverso specializzazioni e mantenere un approccio di apprendimento continuo La comprensione di questi elementi non solo aiuterà gli studenti a progredire nell'arte del Krav Maga ma li ispirerà anche a mantenere un impegno duraturo e significativo nella pratica dell'autodifesa

Capitolo 9
Strategie Avanzate nel Krav Maga

Nel capitolo precedente, abbiamo esplorato approfondimenti nel percorso di apprendimento del Krav Maga, concentrandoci su tecniche avanzate, allenamento psicologico e simulazioni pratiche

In questo capitolo, ci concentreremo su strategie avanzate che amplificheranno la tua capacità di difesa personale Affronteremo situazioni specifiche e approfondiremo come adattare le tue abilità del Krav Maga in contesti sempre più complessi

9·1 Strategie di Combattimento su Distanze Variabili

Nel corso del tuo percorso di apprendimento, hai acquisito una comprensione solida della gestione della distanza In questo capitolo, esploreremo strategie avanzate per affrontare avversari in contesti che richiedono una variazione rapida delle distanze

9·1·1 Distanza Lunga

Imparerai a gestire situazioni in cui la distanza tra te e il tuo avversario è maggiore, sviluppando per chiudere rapidamente il divario o mantenere la Distanza in modo sicuro

9·1·2 Distanza Media

Esaminerai come adattare le tue tecniche del Krav Maga quando sei a una distanza intermedia, incorporando colpi e movimenti specifici per mantenere il controllo della situazione

9·1·3 Distanza Corta

Approfondirai le tue abilità nelle situazioni di distanza ravvicinata, focalizzandoti su tecniche di clinch, leve articolari e strategie in neutralizzare rapidamente un avversario nelle fasi iniziali di un attacco

9·2 Strategie Contro Avversari Esperti

Affronterai a avversari ben addestrati o esperti in arti marziali Esploreremo come affrontare situazioni in cui il tuo avversario ha competenze avanzate, mettendo in evidenza l'importanza di essere astuti e adattabili

9·2·1 Analisi del Combattente Avversario

Imparerai a valutare rapidamente le abilità del tuo avversario, identificando punti deboli e strategie efficaci superare la Loro competenza

9·2·2 Contromisure Efficaci

Esaminerai contromisure specifiche per affrontare avversari con competenze avanzate, integrando tattiche di sorpresa e movimenti non convenzionali per guadagnare vantaggio

9-3 Strategie di Difesa Personale Femminile

Dedicheremo una sezione specifica alle strategie di difesa personale per le donne Esploreremo approcci specifici per affrontare situazioni comuni di minaccia e forniremo consigli pratici per sviluppare la Fiducia nelle proprie abilità di autodifesa

9-3 1 Difesa Contro Attacchi Comuni

Forniremo tecniche specifiche accordino TO affrontare attacchi comuni che le donne potrebbero incontrare, inclusi tentativi di aggressione fisica o tentativi di immobilizzazione

9-3-2 Utilizzo Efficace di Oggetti di Tutti i Giorni

Esamineremo come le donne possono utilizzare oggetti di tutti i giorni come mezzi di difesa, trasformando oggetti apparentemente innocui in strumenti di protezione efficaci

9·4 Strategie di Team work nel Krav Maga

Affronterai la dinamica del combattimento di squadra, esplorando come collaborare efficacemente con altri praticanti di Krav Maga in situazioni di emergenza

9·1 Comunicazione Efficace

Imparerai a comunicare chiaramente con i tuoi compagni di squadra durante situazioni di strain, assicurandoti che le azioni siano coordinate e sincronizzate

9-2 Tattiche di Squadra

Esplorerai tattiche specifiche che possono essere utilizzate in un contesto di combattimento di squadra, sfruttando la forza per affrontare minacce

9-3 Integrare Tecnologia e Autodifesa

In questo capitolo, esamineremo come integrare tecnologia moderna nelle tue strategie di autodifesa Ci concentreremo su dispositivi di sicurezza personale, applicazioni elettroniche e altri strumenti innovativi che possono migliorare Tua sicurezza personale

9-4Dispositivi di Sicurezza Personale

Esplorerai l'uso responsabile di dispositivi di sicurezza personale come spray al pepe, allarmi personali e altri strumenti che possono fornire un vantaggio in situazioni di emergenza

9-5 Formazione Virtuale

Considererai l'utilizzo della formazione virtuale e delle applicazioni per migliorare le tue abilità di autodifesa, consentendoti di simulare situazioni realistiche attraverso mezzi digitali

9·6 Continuare il Tuo Percorso di Apprendimento

Infine, esamineremo le opportunità a continuare il tuo percorso di apprendimento nel Krav Maga· Discuteremo di seminari, lezioni avanzate e l'importanza di rimanere sempre aperti all'apprendimento continuo nel mantenere e migliorare le tue abilità nel tempo

9-6-1Partecipazione a Seminari e Workshop

Esplorerai l'opportunità di partecipare a seminari (sessioni intensive) e workshop specializzati nell' approfondire specifici aspetti del Krav Maga·

9·6·2 Ruolo delle Competizioni

Considererai il coinvolgimento in competizioni di Krav Maga, se disponibili nella tua location, come modo di testare le tue abilità in un ambiente controllato e migliorare la tua prontezza mentaleIn conclusione, il capitolo 9 ha esplorato strategie avanzate nel Krav Maga, affrontando situazioni specifiche, adattando le tue abilità in contesti complessi e integrando Tecnologia moderna nella tua autodifesa Continua il tuo impegno e la pratica costante nello sviluppare abilità sempre più sofisticate nel Krav Maga·

9·1 Strategie di Combattimento su Distanze Variabili

La gestione efficace della distanza è una componente cruciale del Krav Maga· Nelle situazioni di combattimento, Capacità di adattare le tue tecniche a distanze variabili è essenziale nel mantenere il controllo della situazione In questo capitolo, esploreremo approfonditamente le strategie di combattimento su distanze variabili nell' assicurarti di essere preparato in qualsiasi situazione

9·1·1 Distanza Lunga

Obiettivo: Mantenere la Sicurezza e Creare Opportunità

* *Posizionamento Tattico: Mantieni una distanza che ti permetta di evitare i colpi avversari, ma che ti dia spazio rispondere in modo efficace*

* *Utilizzo delle Gambe: Sfrutta calci potenti in tenere l'avversario a bada e creare opportunità in di contrattaccare*

* *Entrare in Distanza Media: In situazioni di minaccia, lavora nell' avvicinarti rapidamente alla distanza media per poter implementare tecniche più efficaci*

9·1·2 Distanza Media

Obiettivo: Controllo e Neutralizzazione Rapida

* *Movimenti Laterali: Sviluppa movimenti laterali per evitare gli attacchi e cercata di posizionarti lateralmente rispetto all'avversario*

* *Tecniche di Clinch: Integra tecniche di clinch in controllare l'avversario e neutralizzare minacce imminenti*

* *Colpi al Corpo: Focalizzati su colpi mirati al corpo per indebolire l'avversario e preparare il terreno in una difesa più aggressiva*

Nine·1·3 Distanza Corta

Obiettivo: Neutralizzazione Immediata e Fuga
* *Tecniche di Leva Articolare: Implementa tecniche di leva articolare quando sei a stretto contatto nel neutralizzare rapidamente l'avversario*
* *Colpi a Corto Raggio: Sviluppa colpi a corto raggio come gomitate e ginocchiate in creare opportunità di fuga*
* *Controllo della Testa: Utilizza il controllo della testa in Postura contro l'avversario e mantenere il controllo della situazione*

9·1·4 Adattamento Continuo
Obiettivo: Flessibilità nelle Transizioni
* *Movimenti Fluidi: Pratica transizioni fluide tra le diverse distanze adattarti rapidamente ai cambiamenti nella dinamica del combattimento*
* *Risposta Istantanea: Sviluppa la Capacità di rispondere istantaneamente ai movimenti dell'avversario, anticipando i suoi attacchi e reagendo di conseguenza*
* *Allenamento Specifico: Dedica sessioni di allenamento specifiche a ciascuna distanza, concentrandoti su scenari realistici che richiedono adattamento continuo*

9·1-5 Allenamento con Partner
Obiettivo: Apprendimento Reciproco e Feedback Costruttivo
* *Simulazioni Controllate: Partecipa a simulazioni di combattimento con il tuo compagno variando le distanze per migliorare la · Tua prontezza tattica*
* *Scambi Attivi: Coinvolgi il tuo partner in scambi attivi, consentendo a entrambi di esercitarsi nelle varie distanze e fornendo feedback costruttivo*

• *Analisi Post Allenamento: Dopo ogni sessione, discuti con il tuo partner sugli aspetti positivi e sugli aspetti da migliorare, promuovendo una crescita reciproca*

In conclusione, la gestione delle distanze nel Krav Maga richiede una comprensione profonda delle strategie di combattimento su distanze variabili Allenati con costanza, affina le tue abilità e sii pronto ad adattarti dinamicamente alle sfide che potresti incontrare in situazioni di vita reale

Capitolo 10: Approfondimenti sulla Sicurezza Personale
e
Conclusioni

Nel capitolo precedente, abbiamo esaminato strategie avanzate di combattimento su distanze variabili nel contesto del Krav Maga· In questo capitolo finale, approfondiremo ulteriormente gli aspetti chiave della sicurezza personale e concluderemo il nostro percorso di apprendimento

10·1 Sicurezza Personale nella vita di tutti i giorni

10·1·1 Consapevolezza Ambientale Continua

* *Pratica Costante: Sviluppa la consapevolezza ambientale come parte integrante della tua vita quotidiana Presta attenzione a dettagli come persone sospette, ambienti Illuminati o situazioni potenzialmente rischiose.*

* *Routinizzazione: integra consapevolezza ambientale nelle tue routine quotidiane renderla un'abitudine automatica*

10·1·2 Pianificazione delle Vie di Fuga

* *Scenari Mentali: Immagina scenari di emergenza e pianifica le tue vie di fuga Questa pratica mentale ti preparerà a rispondere rapidamente in situazioni stressanti*

* *Utilizzo di Oggetti di Tutti i Giorni: Considera come potresti utilizzare gli oggetti circostanti come scudi improvvisati o strumenti di difesa in caso di necessità*

10·2 Approfondimenti sull'Autodifesa Femminile

Autostima: Promuovi un senso di autostima e fiducia nelle donne attraverso l'addestramento al Krav Maga· La consapevolezza delle proprie abilità può essere un deterrente efficace·

• *Comunità di Supporto: Fornisci un ambiente di apprendimento positivo e di supporto in cui le donne possano condividere esperienze e incoraggiarsi a vicenda·*

10· 1Implementazione delle Strategie di Sicurezza Personale

10· 2Integrazione nella Vita Quotidiana

• *Esperienze Pratiche: Metti in pratica le strategie di sicurezza personale nella tua vita quotidiana· Partecipa a situazioni o simulazioni che riflettano le tue attività giornaliere·*

• *Riflessione Continua: Valuta regolarmente come le tue strategie stanno funzionando e se è necessario apportare aggiustamenti alla luce delle tue esperienze·*

10·3Cultura dell'Autodifesa e Comunità

10·4·1 Diffusione della Consapevolezza

• *Educazione Pubblica: Promuovi l'educazione pubblica sulla sicurezza personale e sull'importanza dell'addestramento al Krav Maga come mezzo di autodifesa efficace·*

• *Collaborazioni Comunitarie: Collabora con le autorità locali, le istituzioni educative e le organizzazioni comunitarie creare programmi di consapevolezza sulla sicurezza·*

10·5 Conclusione del Percorso di Apprendimento

10·5·1 Continua il Tuo Viaggio
* *Apprendimento Continuo: Riconosci che il percorso di apprendimento nel Krav Maga è un viaggio continuo· Mantieni un'apertura mentale e sii disposto a imparare costantemente*
* *Condivisione delle Conoscenze: Condividi le tue esperienze e conoscenze con altri praticanti del Krav Maga· La condivisione delle esperienze può arricchire la comunità e migliorare le abilità di tutti*
10·6·1 Risorse Aggiuntive
* *Libri e Articoli: Continua a esplorare libri e articoli sull'argomento della sicurezza personale, dell'autodifesa e del Krav Maga ampliare la tua comprensione*

Partecipazione a Eventi: Partecipa a seminari, conferenze o eventi specializzati e rimanere informato sulle ultime tendenze e sviluppi nell'ambito della sicurezza personale
Grazie per aver seguito questo percorso di apprendimento sul Krav Maga e sulla sicurezza personale Che tu sia alle prime armi o un praticante esperto, ricorda la tua sicurezza personale è una responsabilità, Continua allenarti, rimani consapevole e condividi la tua conoscenza con la tua comunità